Grappig jammer

Tim Hofman bij Meulenhoff:

Gedichten van de broer van Roos
Grappig jammer

 @debroervanroos

 @debroervanroos

www.meulenhoff.nl

Tim Hofman

Grappig jammer

MEULENHOFF

ISBN 978-90-290-9311-8
ISBN (e-book) 978-94-023-1196-9
ISBN (audiobook) 978-90-528-6207-1
NUR 306

Omslagontwerp: DPS Design & Prepress Studio, Amsterdam
Omslagbeeld: Frank Ruiter
Opmaak binnenwerk: Text & Image, Assen

© 2019 Tim Hofman en Meulenhoff Boekerij bv, Amsterdam

Niets uit deze uitgave mag openbaar worden gemaakt door middel van druk, fotokopie, internet of op welke andere wijze ook, zonder voorafgaande schriftelijke toestemming van de uitgever.

See, if I was tryin' to relate it to more people
I'd probably say I'm struggling with loving myself
Because that seems like a common theme
But that's not the case here

Kanye West, 'I Thought About Killing You'

Over hoe bewuste millennials steevast vergeten dat er aan ieder lijntje coke een stukje Zuid-Amerikaans kinderlijkje kleeft

nee maar gozer serieus
zet die sleutel aan je neus
het is tijd om wat te doen
gast, lééf jij wel echt groen

zo niet chill, climate change
híer ben ik 't zó mee eens
nakkie iemand, shit is mega
btw, ben jij al vega

ik heb létterlijk net pak gehaald
maar echt létterlijk nu net
zeg maar, létterlijk nu net betaald
maar echt létterlijk nu net

dus, ik bedoel van kijk
armen armer, rijken rijk
is toch zo, ja eerlijk
dit spul is kénkerheerlijk

wist je trouwens, deze guy
gebruikt dus niks, súpersaai
en scheidt afval niet, echt ziek
sorry hoor, maar zo niet chique

Je mag niks meer zeggen in dit land

(spoken word)

René van tv stak een kleuter met down in de brand
je mag niks meer zeggen in dit land

Youp uit de krant sloeg een baby dood met vlakke hand
je mag niks meer zeggen in dit land

je mag niks meer zeggen in dit land

Theo met zachte g heeft dus een lelijk jongetje aangerand
je mag niks meer zeggen in dit land

en Johan, sigaar in de hand, maakte een hongerig kind van kant
je mag niks meer zeggen in dit land

je mag niks meer zeggen in dit land

waar heb je dat gehoord dan
waar heb je dat vandaan

heb op Facebook gestaan

Mourning

A
morning
with
u.

Twee weken lang iedere dag gehuild

mijn vriendin
ging vreemd
met een vrouw
ik wist
ervan
en was heel
erg gekwetst
door wat ze
zei vooral
maar dat geeft
niet want
er groeit haar
uit mijn gezicht

Ben rapper

schatje je
zit gevangen
in me hart
noem me je
Guantanamo Bae

hij/zei

hij zei ik vroeg wat liefde is
zij zei fysica niets minder
hij zei dan ik chemie van jou
en ondervond geen hinder

hij zei zij zijn een tweeling
zij zei zij zijn twee eenling
hij zei hij wil geen
vervreemding
zij zei hij is een
ver
   vreemd
        ding

hij zei
als je begeerte niet eert
en lusten niet lust
heeft liefde niet lief
haat haten je dus
nou hekel je hekel
en hou van je hou
bemin dan je minnen
en mogen mag jou

zij zei
ik kan niet om geven geven
kan niet om leven geven

kan niet voor geven leven
en kan niet voor leven leven
ik wil niet leren leren
of eren leren eren
't kleine eren, meer
kleineren eren eerder

hij zei maar

ik woed in goeds van jou
heb goesting, moet van jou
ik drink en stik van jou
verslik, weerklink van jou

ik mij en jou van jou
ik wil mij
van jou in jou
zij zei moet dat nou
nou, moet dat nou

hij zei ik vroeg wat liefde was
zij zei fysica niets minder
hij zei dan ik geef niet aan jou
en ging minder blind weer ginder

Loyale gezinsman

ik sla mijn zoon soms buiten westen zodat-ie dan twee dagen zijn eenzame jeugd niet hoeft te voelen

Trans

Here I am   15
Vrouwe ik ben

Narcisuïcide

ik verving

ze, ramen naar buiten
door spiegels, 't liefste
ik haat ze
en kader je zo uit m'n
grieven

ik verging

er, deed ze toen sluiten
mijn luiken 't liefste
ik laat ze
en staarde te luid
te believend

ik verhing

me, aderen spuiten
vergeet ik 't liefste
en mijn laatste
adem de ruiten
doorklievend

Semisymmetrie

mijn houden van
praat je stem
weer goed

ik lieg dat
mensen naar je vragen
of naar wat je nu doet

ik zoen je maar
denk aan een ander
en ben liever daar

mijn handen gaan
jouw borsten over
toch kom ik op haar

Verkeerde verkering III

jij zegt leeg en laag
voel ik licht en lach
vind jij ik heb lef
ik vind jij bent laf

jij leeft leeg en laag
loos ik licht en lach
vind jij ik had lef
ik vind jij was laf

jij bent leeg en laag
wil ik licht en lach
vind jij ik vrees lef
ik vind jij maakt laf

Aanzoek

en
al dagen en dagen
vraagt ze, 't vragen
wordt vaker en
vaker, wil je
mijn vader zijn,
mijn vader zijn
dood maakte
me wees en ze wees
wijs en te nakend
naar haar en ik
hoor haar maar
ben nu al kwijt

Vergif it to me

ik verzamel alles aan jou
maar spaar mezelf niet

Goor pretentieuze dichter heeft ook een keer zin in de dag

het weigeren ontstegen
overweeg ik eigenlijk
alles

het steigeren verheven
leef ik heimelijk
alles

(ge)jammer

had me twee harten gegeven
een voor mezelf, een om te delen

want
mijn longen longen niet onder water
mijn ogen ogen niet voorbij mijn geest
mijn huid verraadt het later
vleugels die nooit zijn geweest

god, ik wil het willen houden
desnoods
al 't huilen op mijn schouder
desnoods

laat me twee levens beleven
een voor mezelf, een om te delen

Messiascomplex

je vader is dood 23
laten we daten

Gezonde witte cis-man zkt. identiteit

ik wou dat ik van kleur was
op mannen viel
mank of ondermaats

m'n hele lijf vol ziekte zat
pedofiel
stinkend en melaats

ik wou dat ik een moslim was
jood
verlamd tot aan m'n kin

schulden als geen ander had
familie dood
leeg en zonder zin

ik wou dat ik misbruikt was
verlaten
in oorlog had geleefd

een aanslag op m'n pad
wat golven
een ik dat aan me kleeft

Emotoneel

ik huil alleen

als het over mezelf gaat

en zorg
voor jou
voor mij

als het over mezelf gaat

ik huil alleen

Hondje

mijn vriendin heeft kanker
in haar lichaam, overal
't gaat niet lang meer duren
voor ze sterven zal

heb je voor je gaat nog wensen
vraag ik, nou die heeft ze nog
lief, ik wil een hondje,
liefst een teckel of een dog

mooi idee, ik fluister
kijk haar aan, glim en lach
maar vanbinnen kook ik echt
dieren haat ik, ieder slag

makkelijk praten, jij gaat dood
denk ik, dan zit ik ermee
mooi dat dit dus niet gebeurt
en zo pleeg ik een bel of twee

wat een schatje! huilt ze blij
op haar sterfbed, in haar arm
dat lieve hondje uit een doos
ze aait het en wat voelt 't warm

ik traan maar mee met haar
veins, kan niet vertellen
dat hondje dat ik kocht
zit als zij vol met gezwellen

Ik drink dus ik besta

28 Mojito
　　Ergo
　　Sum

Een dode vriend

mag ik je kankers omarmen
en vullen wat je mist
mag ik stikken, als vervanger
voor je liggen in je kist

Binnenvet

in mijn tuin
groeit alles schuin
de bomen loven links
en heggen leggen rechts
hun kruinen op de straat

in mijn tuin
groeit alles schuin
de pollen hollen uit
en struiken bollen krom
waar recht niet echt bestaat

in mijn tuin
groeit alles schuin
net geplant
net gezaaid
maar alles leeft 'r scheef

in mijn tuin
is alles schuin
daar 't binnen
altijd waait
als ik buiten leef

Vrijen

ja, meneer de president
absoluut mijn vorst
bukkend sta ik daar maar braaf
als ik mijn broek verwijder

ik adem in, te diep
wil niet, maar ik moet
vaandel pronkend op mijn arm
voor volk en vaderland
dat is wat je doet

ja meneer de predikant
absoluut mijn leider
en op mijn knietjes zak ik braaf
uw dijen drukken op mijn borst

ik adem in, diep, nog dieper
weet niet wat ik wil, maar moet
heilig boek pronkt in mijn arm
voor hier- en namaals
dat is wat je doet

ja meneer de president
absoluut mijn vorst
predikant, mijn leider

ik geloof in niets dan u
uw woord is mijn bevrijder

Zonderling

ze vroeg of

de waarheid klopte
of waar hij 't stopte

ze vroeg of
laat nog
samen waren
samen waren

ze
toch nog
toch nog-
al een

domper
dom per-
soon, zo
zonde

Vos/Raaf

Daar,
ergens in een donker bos
zat een hongerige vos
Waar
hij zijn maag verdoven wilde
omdat het ding maar leegte schreeuwde
Maar
kwijnend, met zijn hol gezicht
kreeg hij prompt een raaf in zicht

verdomd, dacht hij, zag hij dit echt
verdomd, jawel, een vers gerecht
en niet zozeer die rat met veren
maar wat hij dróeg, kon Vos begeren
een zon van kaas, in Raaf zijn scheur
ja, zonnestralen, kazengeur!

zeg vleugelvriend, daar in die boom
sprak Vos naar Raaf op allerbraafst
die kaas van jou, nou, deel jij die?
maar Raaf bleef op zijn allerraafst

dit wordt niks, dacht Vos terecht
en dus bedacht hij snel een list
want Vos was Vos niet als hij niet
meer dan voor 'm goed was wist

wat toen geschiedde, is bekend
Vos vroeg Raaf te zingen
Raaf stemt in, kaas valt neer
Vos eet kaas, zo gaan die dingen

de week ervoor, een drama
voltrok zich in het dierenkoor
want Raaf, tenor, die werd ontzet
zijn zang was nogal geen gehoor

Raaf was droevig, schaamde zich
maar 't koor had het gefluisterd
en geen roddel over Raaf gerept
maar Vos had meegeluisterd

vandaar nou juist díe vraag aan Raaf
zou je voor mij willen zingen?
zo streelde Vos het ego van
een raaf, zo gaan die dingen
Daar,
ergens in een donker bos
zat een doorgedraaide vos

Waar
slapeloos zijn ogen kringen
en een gevleide raaf
al maanden
niet meer
stopt
met zingen

Maar
een vossengrijns, wat hoop in zicht
een geweerloop op een slaap gericht

Apologethiek

sorry
dat
ik
met
mijn
rug
in
je
mes
viel

Ontzet

mijn lief wil uit elkaar
dus ik nam haar
armen / benen af
nu ligt ze daar

Ongelijk

ik koester je haten
voel mij 'n verrader
als ik me veracht

als ik me verstikt
verhang in je blik
en ik met jouw ogen
dan naar mij kijk

je mag me verlaten
maar niet in 't kader
van al ik al dacht

als-alsjeblieft,
als je dan lieft
geef toch een reden
maar mij geen gelijk

Lichaam

languit
je lichaam
langzaam

licht uit
licht aan
't ligt aan

dat uitzicht
wat uitlicht
't gezicht
uit 't zicht

licht uit
licht aan
langzaam
je lichaam

VER/KRACHT

en toen zij prevelde
vaderlief, geef kracht
zweeg hij in de verte
zwevend op zijn macht

Ondersteboven van

$$hy = ozo$$

dolop

yAAy

Kruistocht

plots'ling is kortjakje ziek
altijd met condoom maar zondags niet
zondags gaat zij naar de kerk
god wat is die pater sterk

plots'ling is kortjakje ziek
altijd met condoom maar zondags niet

Niqaab

'Dat het je zo leuk staat,
dat patriarchaat.'

Alle teringneuzen dezelfde kant op

mijn droom, een goed idee
is een burgercomité
dat kunst in alle vormen
toetst aan waarden en aan normen

kwetst 't niet, is dit correct
is het in de kern doorspekt
met

ver-ant-woor-de-lijk-heid

en inclusief, diversiteit

voelt iedereen zich fijn hierbij
staat het voor een maatschappij
waarin je zelf niet denken hoeft
smaak zichzelf niet meer beproeft

We hebben een d, we hebben een epressie!

lachen is vergeten dat je leeft
en daarmee dat je sterft
daarom hoop ik dat mijn kind
mijn genen dus niet erft

Gemene deler

46 we delen niks
    behalve de rekening

LDVD

dus hij zegt
soms hoop ik dat

mijn beste vriend dan overlijdt
mijn moeder zich te pletter rijdt
mijn zusje toch een tumor krijgt
mijn broer me met een mes bedreigt

of dat ik

mezelf verdrink maar net te kort
mezelf vermoord maar wakker word
mezelf met zoutzuur overgiet
zodat zij mij dan ziet

en ik zeg
stel je niet aan

Marketingplan van een timmerman II

zo waren daar discipelen
die na een beetje piepelen
en 't stelen van een lijk
samen kwamen op een dijk
ze zaten daar verdomde trots
't verslepen van die logge rots
had ieder van hen afgemat
toen Petrus riep zeg weet je wat!
en zo begon zijn rede
over plannen nog te smeden
over allerlei verhalen
over hoe die te vertalen
hoe de wereld 't zou slikken
hoe zij dat zouden flikken
hoe hun gevolg zou groeien
en zo zat-ie na te gloeien
de rest knikte beamend
sfeer nog steeds beramend
en in naam van hun profeet
werd hun visie daar compleet
zaden in de mest geplant
hemelvaart, wederopstand

als je maar wat geks verzon
het is, riep iemand later
als wijn maken van water!
Johannes dacht wat hoor ik hier
en zette dat maar op papier

wel allemachtig! Jozef woest, waar was zijn zoon gebleven? Grot is leeg, lichaam weg, een curieus gegeven. Wel, hij zag de bui al hangen weer, die vliegen om zijn zoon, zij hadden hem verraden, aasden wel nog op zijn troon. Hij gaf ze ooit een vinger, nu verdeelden ze Zijn hand en alsof dat niet genoeg was, werd ook nog Z'n ziel verpand. Hun zonden witgewassen met het bloeden van zijn kind, zijn eigen lam, hun eigen schulden, weinig goed gezind.

Nul Apocalypsen verder
wacht een kudde op haar herder
maar zijn wederkeer blijft uit
ook al bidt men nog zo luid
leedverzachtend toch allicht
voor wie voor 'm is gezwicht
komt daar ooit een hemelpoort
is via via eens gehoord,
geen harmonie of wereldvree
maar voor de twijfelende stakkers
werd in Mekka iemand wakker
voor een leuke poging twee

Voor het eerste deel van 'Marketingplan van een timmerman', zie *Gedichten van de broer van Roos*

Trio Jaloezio

't is geil
maar kan je
of wil je dit ook

wil je
'n ander
want

ik blíef
per se
één

1

als ik
toch voor
alleen

er
overheen ga
dán wil ik

er
echt
twee

2

je laat
me kiezen,
voor wie

nóg een
nou neem me
maar ik kan

niet
meer dan
drie

3

4

Ben alweer rapper

nachie dansie
nakkie blowie
als de bliksem
Rave it Bowie

Verkeerde verkering I

ik zit maar en ik wacht
tot ze met me lacht
ik smeek je alsje voel me
zeg me en bedoel me
zit aan me en zit in me
eindig en begin me

maar ons naaien
werd maar breien
we huilen meer
dan vrijen

geef je bloot
ongestript
en de enige die wipt
is ons ongeboren kind

later

in een speeltuin

als wij samen

op een bankje

de wacht houden

en over de kruin van onze vrucht

terug naar waar we nu zijn kijken

en denken

dit was een slecht idee

Talisia

als ik in de lucht begin met leven
krijg ik dan vanzelf ook vleugels
en veren die me leren hoe ik even
ben zoals jij

Zij en

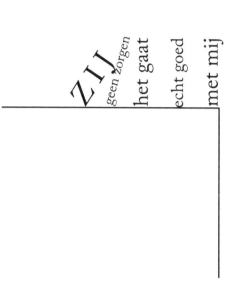

ZIJ geen zorgen het gaat echt goed met mij

Michael Jackson

iemand zegt net dat-ie MJ
– even los van de perikelen –
nog steeds de koning vindt

en ik denk goh perikelen
wat een leuk woord voor
het neuken van een kind

Ziek & destroy

gooit zijn medicatie weg
en zo ziek als hij kan wezen
overtreedt-ie fier de wet
beter voorkomen dan genezen

Misschien is dit echt gebeurd

ik viel volgens mij op vrouwen
maar wou 't toch proberen
dus ik zocht een rijpe man
die me mannenseks kon leren

nou hoppakee zo broeken uit
bedden in dan dim 't licht
nadat hij in en uit mij zat
kwam ik in zijn gezicht

dat avontuurtje daargelaten
vond ik daarna een meid
haar ouders zie ik voor 't eerst
vandaag, het werd eens tijd

de deur gaat open en ik denk
verdomd zie wie daar staat
kijk in de ogen van haar pa
herken ze van mijn zaad

Drie universiteiten, een studieschuld, geen diploma.

was verslaafd aan van school getrapt worden
ben inmiddels afgekickt

Wanhopig vrijgezel

en ik ren
naar de opticien
vraag haar alsjeblieft
geef me verkeerde lenzen
zodat ik 't niet zie
als ik met lelijke mensen

neuk

Onseks

soms föhn ik mijn lichaam
met mijn pik in de stofzuiger
zodat ik weer weet hoe het was
toen we het nog deden

Chemotioneel

sterfbed
dikke pret
komedie om je vleespet
komt wel goed
jij gaat dood?
harder lachen
ademnood

Moe

Ma
ik wil niet naar de dokter
schop me dood m'n hart
stopt god wie klopt 'r
god wie zingt
god wie schreeuwt
daar tot het einde
dat ik alles maar verzin
ma
ma
ik wil geen lange rit
in zetels zonder bodem
en waar duisternis in zit
ik wil dat je m'n longen
likt m'n mond open
scheurt en me vol
huilt tot ik verdrink
mama
ik wil niet meer geheeld
trek de haren uit m'n
lichaam steek
ze in de brand en
bijt delen uit mijn vlees
de lichten in mijn ogen
zuig ze stuk
voor stuk stuk
en vul ze met leeg

Zwemless

leer me niet zwemmen
want wanneer de zee wild is
en ik droog blijven moet

weet ik:
als overboord vallen mag
zeil ik minder goed

Ben nog steeds rapper

gap je
chick die
gapt je
dignity
ze wil me
dicknietdie
van jou

A3

66　ongevraagd
greppelruiker
vieze man
wegmisbruiker

Stereogaam

zin om in slaap te vallen
naast de beste vriendin
van mijn vriendins
beste vriendin en
daar een vriendin van

geen idee hoe je heet
maar wees 'n vleesvervanger
'k eet je schede en je weet;

ik heb lief dat jij me redt
bied mij een ander einde
en ik bied een ander bed

en ik blief wat thuis me geeft
maar van een leven verliefd
naar te lief en beleefd

is me te weinig

dus ik beloof me niet aan jou
en geloof me, niet aan jou
ligt het liggen samen hier

maar aan 't credo van mijn vrouw
'Twee mensen, twee wensen'

alleen heb ik er drie of vier

Doodswens

zin in de dingen
weet jij hoe dat moet

al sla je me dood
doe het dan goed

Ang, anger, angst

ik ben nergens bang voor
behalve dat er niemand meer is
om dat tegen te vertellen

HuweLijk

opeens de dood op haar knieën
voor m'n neus, heel verhaal
eeuwig wil ik bij je zijn

dit dat
je bent zo'n mooie vangst

en ik zeg

nee sorry lieve schat
ik heb ontbindingsangst

Toetsenbordheld met zolderkamerkanker

toen heb ik je in je graf gelachen
liet je grienen tot je sliep

(ja maar dit is toch een vrij land
vrijheid van meningsuiting!!!
GEKWETST ZIJN IS EEN KEUZE) – enter

nu lig je zes voet diep

HomEO en Julia

ja ik zie daar Andries Knevel
innig vrijen met Kees van der Staaij
echt waar in een steeg in een dorp
heel teder zo de een
in die ander
in uit in uit en er nog eens in
er werd niet gebloed het was geen wedstrijd
en alles was gemeend dat zag je meteen
zó blij was ik voor ze want echte liefde
moet je de vrije loop laten
dus ik dacht snel opschrijven dit
anders geloven ze me thuis nooit

What is laf

ik sta graag naast iemand die me haat
want dan voelt het zo noodzakelijk
om van mezelf te houden

Verwarde man

als je dan

met 72 maagden
naar bed wilde gaan
had in de onderbouw
je best beter gedaan

Ave Maria

– maar wat nou als ik het gewoon weghaal?
– dan zeggen ze later Merry Abortmus allemaal

Verkeerde verkering II

de jaren verschralen
en maanden vergaan
de weken verweken

de dagen gaan trager
en uren ze duren
woorden ze worden

wonden

jij and i

u   r   u   i   m   i

r   u   r   m   i   m

u   r   u   i   m   i

                                      &

i   k   i   j   i   j

k   i   k   i   j   i

i   k   i   j   i   j

    ben ik   bent jij

Vrou(w)

als ik jou was
en niet jouw
was ik vrou
en niet vrouw

die w maakt 't
gewoonlijk
toch bezittelijk
niet persoonlijk

De legende van Clowntje Pikboer

ze kwam op je verjaardag
kostte echt geen moer
dan pakte ze je pik
en liet daarop een boer

~~D~~repressie

het is vroeg herfst vandaag
god verdorre de drager
van zijn bladeren

het is echt vroeg herfst vandaag
god, de morgen vraagt
't kerven van mijn nerven

~~het is weer vroeg herfst vandaag~~
~~en~~ misschien is 't een idee
ik roep maar even iets hoor
dat ik in plaats van dit soort
geouwehoer opschrijven
gewoon wat leuks
met de dag ga doen
dat gif niet laten vloeien
door mijn aderen

het wordt weer lente vandaag
god, die bladeren zal ik dan
zelf wel groen verven

Ik schijnheilig te zijn

applaus, applaus
zie me lekker gaan
't gaat niet om de veren

applaus, applaus
ik heb het goed gedaan
en je mag me tutoyeren

applaus, applaus
nee, 't gaat niet om m'n baan
kijk me geven om de wereld

applaus, applaus
staat de camera wel aan
ik ben echt een fijne kerel

Ben nu rapper dus dit mag opeens

noemt me nep
bent teringdom
want jij gooit stacks
ik regering om

jij schept op
ik precedent
jij nakt boys
ik president

ik maak nieuws
als jij afperst
jij pakt views
maar ik pak pers

jij praat money
ik maak mood
jij tjapt poenie
ik vastgoed

Mona Lize

soms geef ik extra kleuren
soms zoek ik iets van mij
soms stikken van 't mooie
soms niks en dan voorbij

dat alles, kijk ik dan
jouw gezicht aan stukken
want

als je weer de zaal verlaat
terwijl ik dat moeten zou
denk ik vandaag bij mezelf
maar morgen weer bij jou

Hooglied

Nederland
beneden land
waar heuvel hemel is
en elke berg ontbreekt
dus dan de zee die taak vervult
een dijk haar onderbreekt

THERAPIST
(short story)

so	she said
what	she's had
and	she sett-
led	

down

when	the rapist
met this	therapist
and	got her a pist-
ol	

on her crown

Slotpleidooi versie 4

bij een sollicitatie
doe 'k aan discriminatie
en dat klinkt als iets obsceens
maar we zijn het bij de lunch
wel gezellig altijd eens
hij zegt 't gewoon

abortus, moord dus, kindje dood
minder leven op de wereldkloot
dus goed voor het milieu, ze
maakt wat mij betreft
dan toch wel de goeie keuze
hij zegt 't gewoon

verkrachting klinkt wel naar
maar werkt goed tegen staar
weet dat een knappe meid
– als zij geen rokjes draagt –
ook niemand meer afleidt
hij zegt 't gewoon

je moeder stak je vader
in zijn halsslagader
niet zeiken, 't is een viering
want nu krijg je wel opeens
meer studiefinanciering
hij zegt 't gewoon

ben je pedo, ben je geil
nou dan weet ik nog wel
een huis hier in de straat
omdat ik 't buurjongetje
en zijn voetbal haat
hij zegt 't gewoon

minstens vijftig en belegen
god, je kan er niet meer tegen
dat geweerwoord, maar geen zorgen
zit het even uit
er volgt vanzelf geen morgen
zeg 't gewoon

Inhoud

Over hoe bewuste millennials steevast vergeten dat er aan ieder lijntje coke een stukje Zuid-Amerikaans kinderlijkje kleeft   7
Je mag niks meer zeggen in dit land   8
Mourning   9
Twee weken lang iedere dag gehuild   10
Ben rapper   11
hij/zei   12
Loyale gezinsman   14
Trans   15
Narcisuïcide   16
Semisymmetrie   17
Verkeerde verkering III   18
Aanzoek   19
Vergif it to me   20
Goor pretentieuze dichter heeft ook een keer zin in de dag   21
(ge)jammer   22
Messiascomplex   23
Gezonde witte cis-man zkt. identiteit   24
Emotoneel   25
Hondje   26
Ik drink dus ik besta   28
Een dode vriend   29
Binnenvet   30
Vrijen   31
Zonderling   32
Vos/Raaf   33
Apologethiek   36

Ontzet 37
Ongelijk 38
Lichaam 39
VER/KRACHT 40
Onderstebovern van 41
Kruistocht 42
Niqaab 43
Alle teringneuzen dezelfde kant op 44
We hebben een d, we hebben een epressie! 45
Gemene deler 46
LDVD 47
Marketingplan van een timmerman II 48
Trio Jaloezio 50
Ben alweer rapper 51
Verkeerde verkering 1 52
Talisia 54
Zij en ik 55
Michael Jackson 56
Ziek & destroy 57
Misschien is dit echt gebeurd 58
Drie universiteiten, een studieschuld, geen diploma. 59
Wanhopig vrijgezel 60
Onseks 61
Chemotioneel 62
Moe 63
Zwemless 64
Ben nog steeds rapper 65
A3 66
Stereogaam 67
Doodswens 68
Ang, anger, angst 69

HuweLijk   70
Toetsenbordheld met zolderkamerkanker   71
HomEO en Julia   72
What is laf   73
Verwarde man   74
Ave Maria   75
Verkeerde verkering 11   76
jij and i   77
Vrou(w)   78
De legende van Clowntje Pikboer   79
~~D~~repressie   80
Ik schijnheilig te zijn   81
Ben nu rapper dus dit mag opeens   82
Mona Lize   83
Hooglied   84
T H E R A P I S T   85
Slotpleidooi versie 4   86

Bedankt:

Jeroen.

Lees meer van

Tim Hofman

Sinds zijn veertiende schrijft Tim Hofman al gedichten. Variërend van rijmpjes geschreven op de grap, tot heel technische stukken – maar ook bijna lyrische gedichten die straks op rijm over liefde, de maatschappij of de dood gaan – neemt hij je aan de hand mee zijn hoofd in. Soms light verse, soms klassiek. Soms ongecompliceerd, soms een puzzel. Soms zwaar, soms licht. Maar elke keer raakt het iets. Een beetje om te lachen, een beetje om te huilen.